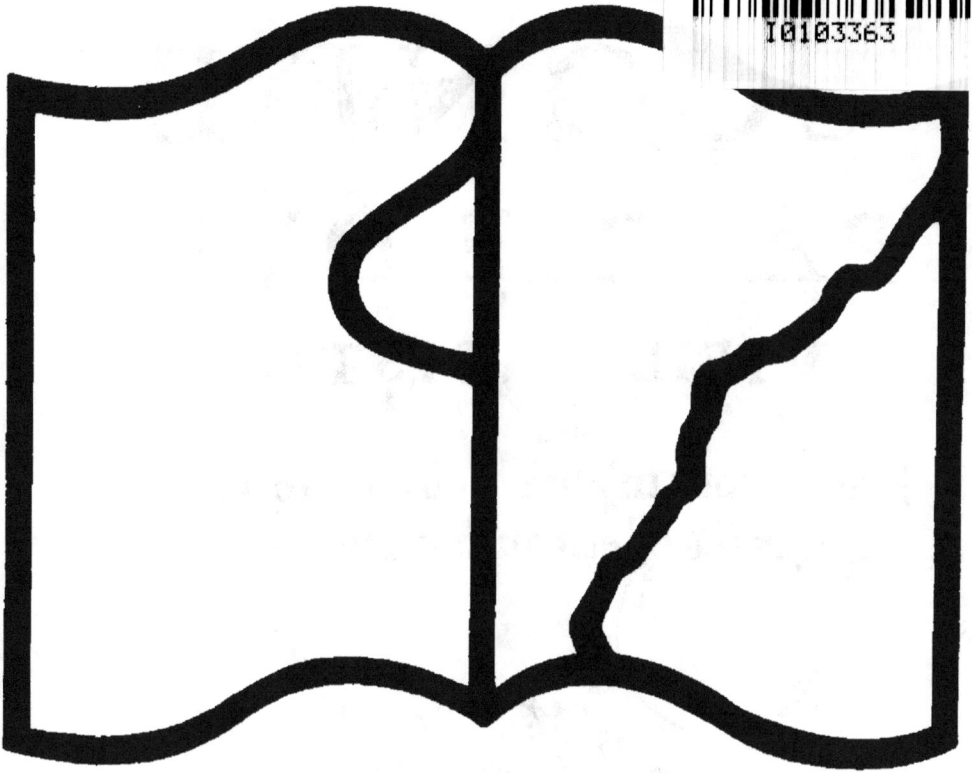

Texte détérioré — reliure défectueuse

NF Z 43-120-11

ECONDE
PARTIE DV
VIEIL PAPISTE.

igneur vous m'auez defliuré de ceux
qui defcendent au lac. *Pfal.*29.

M· DCX·

A.VX MINISTRES
FRANÇOIS.

Ministres mes amis, ayez bien en memoire
Les raisons que vous dict ce bon Papiste vieil,
Si ne les prattiquez, à tous sera notoire,
Que vous aimez trop plus la terre que le Ciel.

I. G.

AV ROY,

MAGESTÉ TRES-CHRESTIENNE.

SONNET.

Oſtre haute Mageſté, aura pour agreable
S'il luy plaiſt, ceſt eſtour d'vn bien hum-
ble vieillard,
Côtre vn corps Miniſtral: C'eſt vn aſſaut gaillard,
Où il faut que l'vn tombe aux pieds du veritable.

Il s'agiſt de ſçauoir, lequel eſt plus croyable
En traittant de la Foy, ou vn homme reſuard,
Qui ſans autre teſmoin que ſon cerueau bauard,
Veut tout ſeul arbitrer ceſte foy admirable.

Ou bien celuy qui dit, que ſuiure nous deuons
Le grand conſentement, que tresbien nous voyons
Parmy tous les Chreſtiës deſpuis les SS. Apoſtres.

C'eſt le nœud du combat, pour lequel deſlier
Ie cherche le moyen afin de r'allier
Voz ſubiects eſcartez, & les faire tous voſtres.

A 2

AV VIEIL PAPISTE,
MESSIRE CHARLES DE
CLAVESON, CHEVALIER DE
l'Ordre du Roy, Seigneur de Claueſon,
Hoſtun, Mercurol, & Mureil.

QVATRAIN.

LE ſon des vers que fait ta Muſe,
*   Rend les Miniſtres eſtonnez :*
Tout ainſi que ſi de Meduſe
*   Ils auoient veu l'horrible nez.*

F. D. GVASTE.

AVTRE SONNET.

CErtes ie ne peux voir les beaux vers glorieux,
   De ton Papiste vieil, essay de ta memoire,
Plus fort contre les ans, que l'airain, & l'Iuoire,
Sans blasmer le trauail des esprits impieux:

Sans plaindre que plusieurs trop irreligieux
   N'escriuĕt que d'Amour, ne chantĕt que sa gloire,
Ne gazoüillent sinon vne faincte victoire
D'vn Cypriĕ vaincueur des hŏmes & des Dieux.

Deplorables humains, miserables follastres,
   Chrestiens desnaturez, ains pauures Idolatres,
Imitez l'inuenteur de ce Papiste vieil.

Prouignez vostre honneur, semez vostre loüange,
   Du Thule iusqu'au Nil, & d'Athlas iusqu'au Gãge,
Et vous eternisans, acquerez vous le Ciel.

F. D. GVASTE.

A ;

GEns ex antiquo tua Clauesonia sculptum
  Gestat imaginibus nobile stemma Crucis:
Stemma quidem pulchrum, sed longè pulchrius al
Impressum, quod habes pectore stigma Crucis.

IOAN. A STAG.

EPIGRAMMA.

QVæ Clauefoniæ ponuntur ftemmata genti,
  Ne titulos fine re vanáque figna putes,
Noftra domus domini femper deuota trophæis,
  Clauis Apoftolicæ femper amica fuit:
Hoc datur agnofci quoties vltricibus armis,
  Et Chrifti, & Petri caufa tuenda manu eft,
Et nunc iuratos ventres in figna falutis,
  Romanum ínque decus cum fodit ifte liber.

CLAV. A CLAV.

A 4

Ad eundem.

EPIGRAMMA.

CÆlorum cupiens intrare Palatia quondam
    Chrifti compingo Stemmate, ftemma meum
Crux infigne Dei eft, Cruce quid fublimius vnquam
Et mihi nil Cruce fit gratius oro Deum
HæcClauis Cæli eft,fceptrum hoc fibi geftat I E s v s,
    Hæc erit in noftris frontibus vfque potens,
Cælorum mihi clauis erit crux fulgida Chrifti,
    CÆLORVM CHRISTI CRVX MIHI
    CLAVIS ERIT.

I. S. I.

SVR

SVR LES SONNETS DV
VIEIL PAPISTE.

SONNET.

Poëtes qui tirés du prophane Parnaſſe
    Vos airs, & vos chançons, laiſſez cheoir voz
    hauboys,
Eſcraſés voſtre Luht, appaiſez voſtre voix,
Et de tous vos beaux vers la meſure & la grace.

Quittez ce Dieu d'Amour, tout remply de fallace,
    Quittez vos vanitez, & entrez au Tournoys
    Auec ce champion, qui combat pour la Croix:
Tous plains (ainſi que luy) de Sainct zele &
    d'Audace.

Accourez, Accourez, (des Muſes nourriſſons)
    Et de ce vieil Papiſte, eſcoutez les chançons,
    Imitant ſa vertu, & zele Catholique.

Comme luy demeurez a l'ancienne loy,   ,,
    Comme luy bataillez conſtamment pour la Foy, ,,
    Comme luy deteſtez l'erreur de l'Heretique.   ,,

A 5

A DIEV TOVT PVISSANT.

SONNET.

CE qui se fait sans vous, ô bonté souueraine,
    Mõ Dieu, c'est le peché, peste du gẽre humain
Ie le veux attaquer, en rapporter vn gain,
Qui soit a vostre hõneur, & luy mõstrer ma hayne

Aydés moy, mon Seigneur, car sans vous toute peine,
    Et quoy qu'on entreprit ce treuueroit trop vain
Ie veux continuer, & n'attendre a demain
A tresbien descrier ceste peste vilaine.

L'heresie est son chef : & a son Arsenac
    Ie veux donner bon air pour guerir son antrac,
Lors le monde viura, & resuiura la piste.

De vos bons seruiteurs qui ne doiuent penser,
    Que les ayez laissé vn temps vagabonder
Es deserts sans raison que faint le Caluiniste.

SON.

AVX MINISTRES CALVI-
NISTES DE LA SECON-
de Centurie.

SONNET I.

I'*Auois deliberé ne debuoir plus escrire*
A tous les Ministraux, puis qu'ils sõt demy morts:
Car telle est celle dent dont ils ont esté mords,
Qu'à grãd peine en guerit le blessé sans le Mire.

Mais ie les ayme tant, que ie ne leur veux nuire,
Ains plustost leur ayder pour les tirer dehors
Du maudit labirinth' ou ils sont tous entords,
Ie donne le filet, qui le voudra le tire.

L'exemple nous l'auons, en ce grand Sainct Pasteur,
Qui pour vne brebis prit vn si grand labeur
Pour la faire r'entrer dedans sa Bergerie.

C'est Dieu, qui dõne aux siens le vouloir & pouuoir
D'ayder a son prochain, & luy faire deuoir,
Ou nous reprochera la fayneanterie.

SON-

SONNET.

II.

I'Ay donné l'appetit aux Ministres de France
  De respondre aux sonnets que i'ay faict publier
  Ils sont maistres passez pour se plaindre & crier
  Contre la Verité, qui destruit leur creance.

Ie croy qu'ils en feront selon leur diligence
  Adueu, ou desadueu, sans iamais oublier
  Les choses que i'y dis pour nous reallier
  En vne Foy & Loy, & Chrestienne alliance.

Pour plus facilement croistre leur appetit,
  Ie leur veux redonner (non pas a leur despit)
  Encores cent sonnets par ou les veus semondre.

M'en donner leur aduis, pour me faire iuger
  S'il leur est bien aisé le vray de supprimer:
  Aussi qu'en vn seul coup ils y puissent respondre.

SON-

SONNET.

III.

LE Roy ne nous deffend, ô meßieurs les Mercures,
  De crier a l'abus, & contre les erreurs,
  Qui vont fappant la Fôy, & toutes bônes mœurs:
  Mais il veut que ce foit fans dire des iniures.

Il n'eft aucun de vous (tref-belles creatures)
  Qui puiffe m'accuser que contre vos honneurs
  I'aye iamais dit mot, qui deut caufer clameurs,
  Si vous n'eftes maudits ez fainctes Efcriptures.

Ceffez donc de crier, & en hommes deuots
  Venez vous efclaircir, vous orrez en deux mots,
  Ce que vous ne fçauez, & vous fera notoire:

Que le mal que vous veus ne vient point d'autre
    part,
  Que de vous voir perir, & vous mettre en hazard
  D'eftre eftimés pippeurs, & d'auoir l'ame noire.
                                           SON-

SONNET.

IIII.

IE veux rendre raifon de mes dits, & mes geftes,
  Et pourquoy, cent fonnets ie fis ny gaignant rien,
  I'eftime n'eftre aucun, pourueu qu'il foit Chreftiẽ,
  Qui ne refte content y voyant mes enqueftes.

A tous ie prieray m'accorder deux requeftes.
  (I'eftime leur proffit) l'vne que le lien
  De l'Eglife & l'efpoux ils croient auſſi bien
  Come l'on croit de Dieu les pouuoirs n'eftre frefles.

L'autre que le Saueur a mis dans ſa maifon
  Vn ordre tres-ancien tout rempli de raifon:
  Ce fuffit pour chaffer tous cruels heretiques.

Dedans leur noueauté, marque qu'ils ne font pas
  Du Bercail tref-facré, ains pauurets, font au lacs
  Du cruel ennemy, & fes trouppes maudites.

SON-

SONNET.

V.

IE lis aucunes fois les liures heretiques,
     Et suis tout estonné comme les principaux
   D'iceux s'accusent fort , de maux tres-capitaux,
   Faisans rire en cela les Chrestiens Catholiques.

Vous verrés vn Lutheur contre les Caluiniques,
   Mocquer & condäner,& par monts & par vaux
   Les dogmes de Caluin qui desprit aussi faux
   S'en reuëche tres-bien mõstrant ses faits iniques.

L'anabatiste aussi des deux est condamné,
   Qui croit que l'vn & l'autre aux enfers est dãné,
   Lequel des trois suiura le simple bon Papiste?

Le dam de tous les trois il croira sans douter,
   Leur reste laissera sans plus en disputer,
   Et se contentera sriure des vieux la piste.

SON-

SONNET

VI.

AV feu de vos escripts, le mien se realume
   Pour parler de vos faits, & mesler quel-
      ques fois
   Aucuns enseignements pour rompre les abbois,
   Qu'à tort vous clabaudez selon vostre coustume.

Frappés, mais apprenés, que celuy qui presume
   Estre plus suffisant pour declarer les Loix
   Du Sauueur Iesus Christ, que non toutes les voix
   Des docteurs & pasteurs il doit porter pour plume.

Les rameures d'vn Cerf, d'vn Bouc, ou d'vn Tau-
     reau,
   Et de tous animaux les premieres d'vn Veau,
   Puis qu'il veut haheurter tous les Chrestiens du
     monde.

Car il fut vn grand temps, que vos vaines raisons
   Ne se monstrerent point, c'estoient donc opinions
   Sur foible fondement digne qu'on les refonde.
                 SON-

SONNET.

VII.

TOusiours ie monstreray de toute ma puissance,
   Auec l'ayde de Dieu, les erreurs de Caluin:
   A tous les malheureux qui boiuent son venin,
   Afin que Dieu aydant ils quittent sa croyance.

Le monde estoit en paix, & sur tout nostre France,
   En vnité de Foy, auant que ce malin
   Nous y vint des-vnir d'vn esprit plus mutin,
   Que son maistre Luther D'aimon d'intêperance.

Aussi ce fol portoit, pour monstrer sa fureur,
   Par trop enracinee au profond de son cœur,
   Ceste deuise triste, & sanglante, & cruelle.

(Aux effaicts qu'elle fist) qu'il n'estoit point venu
   Mettre la paix en terre, ains le glaiue tout nud
   Dedans la Chrestienté d'vne guerre mortelle.

B

SONNET.

VIII.

NOtez mes bons amis: voila toute l'Eglise,
  Qui a tres-bien iugé de tous noz differets
Auant que fussions nays, pourquoy doc adherant
Suiuez vous mieux vn seul, que tant d'hômes d
  mise?

Si vous vouliez sçauoir, par trop grand conuoitise
  Les mouuemens qu'elle à (d'instruire ses enfans
Lesquels vous n'entendez : pourquoy cruelles ge
Ne voulez vous souffrir que ie vous en aduise?

C'est estre trop chagrin refuser vn party,
  Lequel est de raison, ou bien estre abesty
Penchant deuers le mal, laissans le bien arriere.

Il ne faut faire ainsi, car seriez vitieux,
  Suiuez plustost le train de tous les vertueux,
  Qui desirent aider vostre course & carriere.

SON

SONNET.

IX.

TOut homme bon Chreſtien, ou qui a l'ame belle
   Dira tout hault & clair, qu'on ne peut trop
     blaſmer,
N'y tant comme l'on doit, ains fauldroit enterrer
Le nom & les autheurs d'hereſie cruelle.

Ie croy qu'il n'eſt aucun, s'il a bonne ceruelle,
   Qui le treuue mauuais: car rien de plus amer
   Ne ſçaurions receuoir, que de nous voir changer,
La foy de Ieſus Chriſt, qu'il veut continuelle.

Qu'on ne die donc plus, que i'accuſe à grand tort,
   Les Miniſtres François d'eſtre le vray ſupport
   Des erreurs que voyons dedans la France meſme.

Car tresbien preuueray que leurs enſeignemens
   Ont eſté condamnez en tous les iugements
   De l'Egliſe de Dieu, ſoubs le nom d'Anatheme.

SONNET.

X.

Pour abbatre vn grand vent ne faut qu'vn peu
    de pluye,
  Pour faire vn bon Chreſtien ne le faut ſi ſçauant,
  A la mode de ceux qui ont le plus ſouuent
  Leur eſprit trauaillé de ſçauoir trop d'enuie.

C'eſt aſſez à celuy qui au cours de ſa vie
  A l'Egliſe de Dieu eſt bien obeiſſant,
  Et qui hūble à ſes yeux va touſiours marchiſſant
  Au chemin des anciens & iamais ne fouruye.

Iuſque icy vous auez ſuiuy Maiſtre Caluin,
  Enflé d'vne opinion qu'il eſtoit tout diuin,
  C'eſtoit voſtre raiſon, qui eſtoit deſreglée.

Maintenant vous voyez c'eſt eſprit plein de vent
  Deſcouuert: donc ceſſez: pour voſtre allegement
  Ie veux vous y ſeruir d'vne doulce rouſee.

                SON.

SONNET.

XI.

VOus auez condamné noſtre Mere l'Egliſe
    Sans auoir entendu ſa deffence & raiſon,
Tournez au iugement, le temps & la ſaiſon
Vous y doit conuier, & ie vous en aduiſe.

Vous vous eſtes rendus ſes iuges hors de miſe,
    Et parties auſſi, peſtes en ſa maiſon,
Tempeſtes dans ſa nef, & d'Enfer le tiſon
Mais auec tout cela elle reſte en franchiſe.

Vous vous eſtes perdus, penſant de l'abiſmer,
    Elle vous tend les mains, vous voyant ſubmerger,
Quittés voſtre rancueur, appointés auec elle.

Ou nous venez preuuer, que le Dieu tout puiſſant
    Ne l'aye peu garder en eſtat fleuriſſant:
Ains que de ſon Eſpouſe il la fait macquerelle.

B 3

SONNET.

XII.

Tant plus i'escripts, ou lis, les erreurs Ministrales,
    Tant plus ie les cognoy tres-veritablement
Venües pour meurtrir, meutrieres doublement,
Pour ce les veux monstrer engeances infernales.

Ce n'est qu'vn petit ieu à leurs humeurs brutales,
    Mesdire, & se mocquer(mais c'est tres sottement)
De toute verité que leur entendement
Ne sçauroit penetrer. O ames non claustrales!

Ains de purs libertins, où de ces Rossignols,
    Que l'on voit aux marchez r'emporter sur le dos
Le bled que leurs meneurs ont achetté pour vēdre.

Gardez d'en estre heurtez, & marquez les discours
    De tous ces effrocquez, vous les verrez tousiours
Prēdre vn mauuais party, & la vertu reprendre.
SON-

SONNET.

XIII.

EN aucun iugement ne se vouloir soubz-mettre,
  C'est estre plus que Roy, & moins qu'homme
    Chrestien,
Faire comme cela, il n'en peut venir bien:
Car c'est trop s'esloigner de Iesus nostre maistre.

Ceux qui sont mal fondez, & qui n'ont belle lettre,
  Fuyet tous Tribunaulx, ou c'est que l'on maintiet
  La Iustice à chacun, & où l'on ne perd rien:
  Puis il ne faut monstrer, port d'Ange, & Sathan
    estre.

Faut se soubsmettre en tout, quand l'on est appellé,
  Pour decider son droict, & se monstrer zelé
  D'obeir à son Prince, & à toute iustice.

Il n'est aucun moyen pour refuser cela,
  Et tout homme de bien en viendra tousiours là,
  Qui le faict autrement est remply de malice.

B   4

SONNET.

XIIII.

DE peur de perdre temps & estre des dõmages,
    A mes gens si lettrez, & qui sont si sçauãts,
Ie leur veux demander s'ils ne sont Lieutenants
De Christ administrãt leurs Sacremẽts ou gages?

S'ils se cognoissent tels, ne sont ce Badinages,
    Nier à nos Prelats, ce qu'ils vont vsurpants,
Et se scandaliser, si singularisant
Ce tiltre nous disons auec bons tesmoignages.

Qu'au Pape il appartient, puis que Iesus l'a fait
    Oeconome soubs luy, & par luy nous remet
Le debte que debuons quãd nous deuenõs rogues?

C'est vn estrange fait que ce nom en plurier,
    Leur agrée si fort, & non en singulier,
C'est qu'ils sont grands Pedants, & petits Theo-
    logues.

S.Mat.
18.
S. Iean
21.

SON

SONNET.

XV.

ES choses de la foy il est tref necessaire
    Que nous soyons unis, & que tous nous ayõs
Vn mesme sentiment, sur tout faut que fuions
Folle diuision de grands maux le sommaire.

Il est tref-malaise voire coose contraire
  De garder ceste foy, ainsi que la croions
  Si nous n'auõs quelqu'vn auquel nous rapportiõs
  Les plus grãds differents qui s'y font d'ordinaire.

A faute d'aucun chef les enfants de Luther
  Comme nous le voions ne font que se heurter
  Pour lesdits differents marques d'vn heretique.

Car il ne suffit pas pour se bien conseruer
  En vnité de foy, par aduis s'adsister
  Il faut auoir aussi puissance iuridique.

                        B   5

SONNET.

XVI.

CEla est tref-certain, le Pontife de Rome
  Pour l'amour de l'Eglife estre donné de Dieu,
Et non pas au rebours: mettez tout en son lieu,
Et au lieu d'vn Guenaut vous serez galant hôme.

Vous deuez tous sçauoir, aumoins en vne somme,
  Que l'Eglife en ce temps pour ne dire vn Adieu
A son chef & espoux : ains comme sur vn pieu
S'appuyer il luy faut suiure l'antique forme.

Laquelle aux premiers iours de son commencement
  Auoit vn grand Pasteur pour son gouuernement,
Donc mourãt ce premier, pour estre tousiours vne.

Il faut qu'vn successeur aye l'authorité
  De ce predecesseur, & c'est la verité
  Qu'elle ne doit changer ceste forme commune.

SON-

SONNET.

XVII.

L'office du Pasteur, faut qu'il soit d'ordinaire
    Dans l'Eglise de Dieu, car autant doit durer
C'est office Papal comme doit demeurer
Le trouppeau que Iesus recommande à S. Pierre.

Ce grand trouppeau Sacré tousiours en ceste terre
    S'y multipliera, ne s'y peut annuler,
Il y faut donc quelqu'vn qui le puisse regler
Come fit ce grãd Sainct, sans iamais s'ẽ distraire.

Lequel ne pouuant pas tousiours viure en sa chair,
    Donques aux successeurs (cela est par trop clair)
Iesus recommanda faire la mesme office.

De paistre ses brebis: c'est se perdre a credit
    (A ceste authorité) d'y donner contredit:
C'est refuir le bien, & par trop estre nice.

SON-

SONNET.

XVIII.

Q Vand nous difons le Pape eftre chef de l'Eglife
    Du Saweur IefusChrift, cela n'eft defroge
La gloire d'iceluy: ains pluftoft l'illuftrer,
Car nous ne le difons qu'vn feruiteur de mife.

Ne l'eftimans fous Dieu qu'vn vice- Roy qui vife
Faire fa volonté, & qui veut conferuer
Les droits de fon Seigneur, fans les luy defrober
De penfer autrement ce feroit grand fottife.

Appaifez donc amis, celle folle chanfon
    Que faittes refonner fans caufe & fans raifon,
    Qu'en nommant quelqu'vn chef, ceft faire groff
    iniure.

Au Saweur glorieux: car il n'eft pas ialoux,
    Donner fes attributs aceux qui font deffous
    Sa grande Magefté, bien qu'ils font la facture
                                        SON-

SONNET.

XIX.

Escouurant plus auant les erreurs miniſtrales,
  L'vne qu'on peut nommer, pierre d'achop-
  pement,
Ie la veux faire voir pour raiſonnablement
Fuir & euiter ces peſtes infernales.

Ils ſont ſi mal inſtruits es vertus Theologales,
  Qu'ils veulent maintenir qu'en ce bas firmamēt
L'eſpouſe de Ieſus ne doit aucunemement
D'aucun viſible chef, auoir aydes Papales.

C'eſt ouurir le chemin pour chaſſer tous paſteurs,
  Et n'auoir plus aucuns qui nous reſtent Recteurs
Sous l'ombre que Ieſus l'eſt a tous d'ordinaire.

Lequel n'empeſche pas, ains il veut & l'entend
  Que ſoyons gouuernez d'vn chef viſiblement,
Sous ſon authorité, tant il eſt debonnaire.

SON-

SONNET.

XX.

POur se garder d'erreur, & de toute heresie,
  Ie ne sache moyen plus facile a tenter
  Que cestuy mes amis, que ie vay vous noter
  Par l'exēple d'vn saint, hūble, & grand en sa vie

C'est l'Apostre S. Paul, bien que l'ame rauie
  Il eut tousiours a Dieu, ne se peut contenter
  Auec tant de faueurs, qu'il n'allat pour traitter
  D'aucuns points qu'il vouloit prescher a chaire
  hardie.

Et pour ce par deux fois, & selon son besoin
  S. Pierre alla treuuer qui luy estoit bien loin
  Conferant auec luy de ce qu'il deuait faire.

Si vn si tres-grand Saint, vase d'election
  A eu tant de respect, & saine intention,
  Vous deuez consulter de S. Pierre la Chaire.

SON-

SONNET.

XXI.

POur monstrer que le corps de l'Eglise ma mere,
  L'espouse du Saueur doit auoir vn vray chef
Visible comme nous , ie le vay dire en bref
Par l'Apostre S.Paul decidant c'est affaire.

L'Eglise estant vn corps (la preuue est ordinaire)
  La teste ne peut dire au pied(pour vn meschef)
Ie n'ay besoin de vous.Cecy est vne clef
  Qui ouure vn grand secret lequel ne deuõs taire.

Car le chef cy nommé ce n'est pas Iesus Christ,
  Lequel peut dire à tous(en toy n'est mon esprit)
Rien de ce que tu as ne m'est point necessaire.

Il faut donc reuenir a ce chef designé,
  Auquel le fils de Dieu a donné, resigné,
Visible authorité qu'il auoit sur la terre.

SON-

SONNET.

XXII.

IL ne faut point douter que l'autheur de sagesse
  N'aye sceu ordonner pour le gouuernement
  De sa tres-saincte espouse, & tres-prudentemem
  Le meilleur & plus seur estat pour son adresse.

Il auoit a choisir, & confessons sans cesse,
  Qu'il ne se pouuoit mieux, selon le iugement
  De nostre humanité, que Monarchiquement
  La faire gouuerner en estat de Princesse.

Pour ce nous asseurons que vous auez grand tort
  D'auoir fondu, changé, conduits, d'vn esprit ord
  Ce sien gouuernement en estat populaire.

Qui est accoustumé de rompre, ou de troubler,
  Toutes les bonnes loix, que l'on luy peut donner:
» Vous sçauiez bien cela, donc ne le deuiez faire.

SON-

SONNET

XXIX.

CE que Dieu commanda à l'Apostre Sainct Pierre,
   De paistre ses brebis, conient aux successeurs.
De ce sainct ja nommé, pour garder les erreurs,
Le grand trouppeau Chrestien, qui tous heureux
   enserre.

Il est tref-asseuré que Dieu sur ceste terre
   Ne nous a pas donné ces grāds & saincts Pasteurs
Pour un temps seulement: ains en donne plusieurs
A cest aymé trouppeau, qui par les ronces erre.

En les voulant tousiours faire paistre & nourrir
Par ces siens Lieutenants, lesquels deuans mourir,
La charge qu'ils auoient, ils cedent l'vn à l'autre.

Celuy aura bien peu de sens & iugement,
   Qui ne concedera que ce commandement,
Leur doibt bien cōuenir comme au susdit Apostre.

                       C

SONNET.

XXIIII.

LE Iuge du vray sens, qui est dans l'escripture,
Ie le veux demâder, à vous grâds reformeurs,
Il nous en faut quelqu'vn, autremêt & nos mœurs
Et aussi nostre Foy yroit à l'aduenture.

Pour nous, nous n'estimons qu'aucune Creature
Puisse bien asseurer de n'auoir point d'erreurs,
Et obliger chascun estre de ses fauteurs,
Cela n'est concedé qu'a l'Eglise tres-pure.

Qui se peut assembler en son Concile Sain,
Auec l'authorité de son Pasteur Romain,
Affin de deffinir toutes les Controuerses.

Qui peuuent arriuer eZ matieres de Foy,
Esquelles le Sauueur le grand maistre, & le Roy,
L'a voulu desleguer, pour rompre les trauerses.

SON-

SONNET

XXV.

IL y aura tousiours quelqu'vn dedans l'Eglise,
  Chancelant en la Foy lequel aura besoin
  D'y estre confirmé. Qui en aura le soin,
  Dites nous mes amis quelque chose de mise?

Il faut que celuy là, qui fait ceste entreprise
  De confirmer autruy aye le contre-sein
  De Dieu (Roy tout puissant) marqué d'vn tresbon
  Autrement vn trompeur il seroit sans remise.

Or Iesus n'a donné si grande authorité,
  Sinon à celuy là qu'il aura exempté
  De toute faulse erreur par sa saincte priere.

Tel a esté sainct Pierre, & sous ses successeurs,
  Puis que c'est dõ d'office, auquel ces grãds Pasteurs
  Sont tous priuilegez, qu'on ne peut mettre arriere.

SONNET

XXVI.

Vn des poincts de la Foy, c'est de croire l'Eglise,
(Non son accusateur) vous ne la croiez pas,
Plustost vous vous mocquez, ou ne faittes grãd cas
De tout ce qu'elle dit lors qu'elle vous aduise.

Qu'alleguez vous de mieux, ou qui soit plus de mise,
De tout ce que peschez dans vos esprits trop bas,
Ou dans vn liure escript, entendu sans compas,
Comme fait l'ignorant, s'il ne le fauorise!

Vous respõdrez, Messieurs, que c'est des saincts escrits,
Que vous tirez la Foy, par ainsi vos esprits
Demeurent resolus, de ce qu'il vous faut croire.

Pardonnez moy, Seigneurs, il nous est ordonné,
Croire à la Saincte Eglise, & non pas commandé
De croire aux escrits morts, que nous fait le Li-
braire.

                                                    SON.

SONNET.

XXVII.

IE le veux repeter vous auez dure oreille,
    Ie l'ay dit autresfois. En vous disant Pasteurs;
    Ie suis esmerueillé comme si grands Docteurs
    Se trompent en cela, & mentent à merueille.

Vous deburiez tous rougir d'vne honte nompareille,
    Car vous sçauez fort bien que vous, ny vos fauteurs
    N'auez vocation non plus que les volleurs,
    Qui d'estre vn iour roüez sont tousiours à la veille:

Deux voyes & non plus pour tous les intendans
    Euesques, & Pasteurs sont desia tous les temps,
    L'vne est celle là que l'on dit ordinaire.

C'est ce chemin commun, qui vient par successeur
    L'extraordinaire aussi à son ordre tres seur,
    D'aucune de ces deux vous n'auez pere ou mere:

E   3

SONNET.

XXVIII.

Qve vous estes grossiers, vos yeux pleins de fu-
mee,
Ministres mes amys, (biē que vous ne m'aymés)
De ne cognoistre, & voir, l'Eglise que formés
Contraire à celle là, que Dieu à tant aymee.

Il faut que vous sçachez que l'Eglise estimée
De Dieu, tousiours aura ses Pasteurs appreuués
Par la succession, & soient legitimez
Par l'ordination ancienne accoustumee.

Vous n'auez de ces deux vn tout seul bon garend
Vos faits sant tous nouueaux, & c'est ce qui les rēd
Mocquables à chascun, qui a bonne ceruelle.

Car l'on ne peut former, Eglise sans Pasteur,
Qui ne soit ordiné par vn predecesseur
Des Apostres venant sans leur estre rebelle.

SON-

SONNET

XXIX.

LEs Autheurs sont d'accord, qu'il y a des insectes
Qui s'engendrent tous seuls de la corruptio
Peut estre vous treuuez leur generation
Plus belle à vostre gré, & plus propre à vos gestes.

La peste tout ainsi s'engendre aussi les sectes,
Fuyés tels vilz parents, prenez deuotion
De venir aux Estatz par saine election,
C'est le chemin heureux, qui vous rédroit celestes.

Au contraire celuy qu'auez pris, & prenez,
Vous conduit dans l'Enfer lequel vous halenez.
Aux gros lourdaux mutins, ausquels ne chaut
que croire.

Ne voulant rien de vous, sinon que treuuiez bon,
Tout ce qui leur plaira: vous requerant ce don,
Que leur ostiez l'Enfer, comme le Purgatoire.

C 4

SONNET.

XXX.

MInistres, escoutez vn traict de bonne grace,
De l'vn de vos Docteurs, Chef & grand
Gouuerneur
D'vne rocque ou d'vn fort pour espauler la peur
Que vous autres auez pour sauuer vostre race.

Apres qu'il a preuué, si luy semble l'audace, (teur
Qu'vn chacun de vous prend d'estre administra-
Des tres-saincts Sacrements, & se faire Pasteur
De l'Euangile Sainct, conclud vn passe-passe.

Que donc nous auons tort, chercher commissions
De vos authoritez, & belles missions;
Car pour tout tesmoignage il veut que sa parole,

Nous soit pour toute loy: & veut persuader
Que sommes chicaneurs, si voulons demander
Mentre de vos enuoys, qui sont sans protocole.

SON-

SONNET.

XXXI.

VN point tref-important, c'eſt celuy de l'Egliſe,
 A droit croire il le faut, ou ne ſômes Chreſtiẽs
Ains des villains ſans foy, & pires que les Chiẽs,
Car elle eſt le piuot aſſeuré de franchiſe.

Vn homme peut errer, eſtre plain de beſtiſe,
 Icelle n'errera iamais, ie le maintiens,
 Ne peut s'aneantir, ny perdre les moyens
 De ſe monſtrer touſiours plaine de vaillantiſe.

Dont cela ſuppoſé, qui eſt la verité
 Ne la vouloir ouir, c'eſt pure iniquité,
 C'eſt faire vne bôte à Dieu, qui cherra ſur la teſte,

Des pauures inſenſés, qui l'accuſent a faux,
 D'auoir laiſſé paſſer en elle mille maux:
 Mais en diſant cela ils ſont pis que la beſte.

C 5

SONNET.

XXXII.

IE vous veux faire voir, que ce nom Catholique,
    A vous, mes Reformés, ne vous peut conuenir,
    Si vous y voulés part, il vous faut reunir
    A la foy des maieurs, qui doit toute estre vnique.

Et vous tout au rebours en façon Politique,
    Selon vos volontés vous la voulez tenir:
    Ce n'est pas le chemin par ou faudroit venir,
    Car iamais ne fut veu d'vn homme Apostolique.

L'Eglise dit qu'il faut faire priere aux Saincts,
    Et vous, vous asseurés, que tels faits seront vains
    Mais elle a condamné vos dits en ses Conciles.

Ainsi en plusieurs points que vous allés croiant
    Sa sentence a ietté sur vous, & vos parents,
    Desquels vous aués pris vos impresses si viles.

SON-

SONNET

XXXIII.

L'Vniforme vnité, est marque de l'Eglise
  Il ne doit y auoir qu'vn cœur & volonté,
  Le seruice de Dieu souueraine bonté,
  C'est vne foy & loy, en tres-belle deuise:

Qui voudra maintenant regarder sans faintise,
  Comme les Reformés tiennent ceste vnité
  Tant agreagle a Dieu, verra qu'ils ont gasté,
  Separé, diuisé, & mis tout hors de mise.

Le seruice de Dieu parmy eux est diuers,
  L'vn ieusnera vn temps, l'autre tout au reuers,
  L'vn obeit a l'vn, l'autre a l'enfant ou femme.

La Pasque ce fera, icy, & non pas là,
  Leur vouloir les conduit a cecy, ou cela,
  En fin ils sont reglés d'vne libertine ame.

SON-

SONNET

XXXIIII.

S. Mat.
19.

LES Apoſtres iadis, quittoient a droit leurs fémes
Pour ſuiure Ieſus Chriſt, & pour le mieux ſeruir
En la vocation qu'ils auoient a fournir,
Les Paſteurs reformez ont bien des autres flames.

Car pour bien miniſtrer, il leur faut belles Dames,
Encor le plus ſouuent, il les leur faut choiſir
Riches a l'aduenant, qui les fait mieux courir
A leur Apoſtolat, que pour ſauuer les ames.

Ces contraires moyens de ſeruir Ieſus Chriſt,
Doiuent faire iuger, qui conduit leur eſprit
Si c'eſt le Saint diuin, ou celuy du Tartare.

Auſſi le plus ſouuent ils ſe treuuent changez
En treſ-iolis oyſeaux, pour s'eſtre foruoyez
De l'ordre Apoſtolat, en vn, ou l'on dit gare.

SON·

SONNET

XXXV.

Estre bouffi d'orgueil, & ne suiure la trasse
De nos anciens Pasteurs , estre remply d'erreur,
Auoir le cœur felon seditieux & menteur,
C'est le propre de ceux qu'eslit la populasse.

Ainsi, l'election de ceste belle race
De Ministres ce fit marque du grand malheur,
Qui depuis apparut, & de la grand fureur
Qui changeat a la fin le Cilice en cuirasse.

Car qui auoit donné a vous peuples ce don,
De pouuoir conferer la grace & le pardon,
Qu'esperiez receuoir par apres des Ministres?

Ce n'estoit point a vous, hardiment ie le dis
A qui Dieu commanda de paistre ses brebis
Vous aués vsurpé de faire vos magistres.

SON-

SONNET.

XXXVI.

IE m'attends d'auoir tost de ces braues fidelles,
  Ministres reformez beaucoup de contredits
  Lesquels ie crain bien peu, car mes faits & mes dits
  Sont tels qu'il ne leur faut aucunes Citadelles.

Ie les laisse pour eux pour y tenir leurs belles,
  Pour y tenir leurs forts, & releuer bandits
  Leurs messes qu'õ ne voit, leurs papiers de credits,
  En fin les magazins des libertez charnelles.

Ils diront a plaisir, & tout le pis de moy,
  Nous sommes tous cognus, & de Dieu & du Roy,
  Pour en estre iugez, mais ie leur certifie,

Qu'apres auoir pensé aux plus villains pechez
  (Car ils les sçauent tous) ils seront bien faschez,
  Ne pouuoir m'accuser du crime d'heresie.

SONNET.

XXXVII.

Ayez pitié de raison, à vous ie me presente,
Ie m'y laÿrray porter, venez l'a m'enseigne,
Vous estes trop faseheux, me voulant desdaigner,
Nous ne serons que deux, voire ma mere absente.

Ie seray des-armé, ne prenez l'espouuente,
Ou bien ie permettray de vous accompagner,
D'vn fidelle vallet, qui se pourra roigner
Les ongles cependant d'vne façon galante.

Si mes offres fuyez, ie croy que de bas or
Vous estez bien garnis, n'ayant autre tresor,
Que deuateurs marras, qui craignet fort la touche.

Venez donc de par Dieu il fait bon trauailler,
Quand nous auons le temps & puis se reposer:
Car plus que nos escripts pourra dire la bouche.

SONNET.

XXXVIII.

Par le point le plus fort de voſtre acre cabale,
Venés pour oppugner quelque point que ie croy,
Que ie tiens & tiendray, ſi ne donnés dequoy
Invalider la Foy des Chreſtiens que i'eſtale.

Venez, ioignons de prés d'vn zele qui ſoit maſle
Pour rompre les diſcords qui ſont de vous à moy,
Il ne faut tant de gens, ie ſçay bien le pourquoy,
Car vous ſerez vaincu chargez d'vne hôte paſle.

Si eſt-ce toutesfois que s'agiſſant du gain,
Pour enrichir vne ame il faut aller ſoudain
Au marché qu'a eſté promis, ou ne s'y paye Dace.

I'ay dit les conditions que nous pourrons tenir
Pour y bien proffiter, ne tardés d'y venir,
Ou par tout ie diray qu'auez vn cœur de glace.

SON-

SONNET.

XXXIX.

VN grãd biẽ souuerain, si vous le sçauez prẽdre,
　Se presente tousiours à vous, Ministres vains,
A droit meriteriez en cruelz inhumains
Demeurer malheureux si n'y voulez entendre.

Vous me faittes resuer, & ie ne peux comprendre
　Pourquoy vous reiettez à toutes les deux mains,
　De traitter des discours qui ne seront pas vains:
(Car vous ne sçauez tout) pour plus instruits vous
　rendre.

Qui a la charité, marque d'homme de Dieu,
　Deburoit bien rechercher, se treuuer en tout lieu,
Ou il pourroit tirer quelque ame à sa cordelle.

Mais vous tres asseurez de bonnes pensions,
　Iamais ne resentez des saintes passions,
　Pour conuertir quelqu'vn, & le rendre fidelle.

D

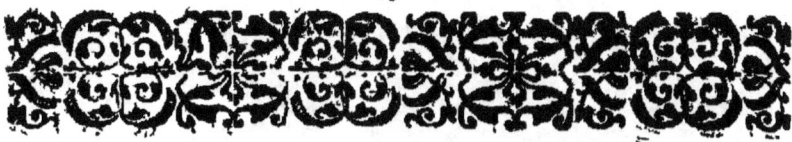

SONNET.

XL.

Voyez ces Reformeurs, Miniſtres d'auarice,
   Lors qu'ils furĕt eſclos(quel ruſé iugemĕt)
Le monde eſtant en paix conuioient finĕment,
Vn chaſcun de venir voir leur rare police.

Ce n'eſtoit tout que fard, & treſgrand artifice
   Pour attrapper ſoldats, afin que promptement
Ils ſe rendiſſent forts, & peuſſent ardemment
S'emparer de tout lieu qui leur ſeroit propice.

Or eſtants arriuez à ce maudit deſſain,
   Se treuuant à couuert, ayans leur gaigne-pain,
Ne veulent plus venir à vne conference.

Que l'on pourroit tenir pour tout mieux reformer
   Ou ſ'ils auoient bon droiſt, à eux nous conformer
Leur orgueil gaſtera, s'ils peuuent noſtre France.

SON-

SONNET.

XLI.

CEs bonnes gens ont creu, que criant à la vie,
 Et aux actes qu'ils font, à leur Foy du Parēt,
 I'estois leur ennemy:mais pour autre on me prēt,
 Ie suis leur bon amy, leur reste ie renie.

Ils ont desia bruslé du flambeau d'heresie,
 Et en cendres reduit beaucoup de lieux souuent:
 Làs mon Dieu c'est assez! ces pertes si auant,
 Nous les plaindrons tousiours: soit fin à leur furie.

Mais d'y continuer, vouloir tout suborner,
 N'apporter arguments qui nous puissent preuuer,
 Le vouloir de leurs cœurs, là est la diablerie,

Que ne peux endurer. Ne treuuez donc mauuais
 Si rudement ie parle, & si ie ne me tais,
 En voyant tout brusler l'on fait grand crierie.

SONNET.

XLII.

PEnſant aux reformez, & à leur grand reforme,
 Ie treuue tres-vilain, qu'au ſeruice de Dieu,
 Ils ayent reformé ſainct Paul en quelque lieu,
 Qui auoit demonſtré de le ſeruir la forme.

Ils ſont par trop hardis, & n'eſt le traict d'vn hõme:
 Ains de quelque demon, auquel ce n'eſt que ieu,
 De treuuer vn meſchant, lequel au beau milieu
 De l'Egliſe de Dieu ſe monſtrera difforme.

oloſ. Nous ſommes exhortez, par l'Apoſtre ſuſdict,
 De loüer & chanter le Seigneur Ieſus Chriſt,
 En Hymnes gracieux, en Pſalmes, & Cantiques.

Eux au lieu de ces trois, n'ont que chants de Marot,
 Pſalmes treſcorrompus par ce banny Magot:
 C'eſt par trop reformer les myſteres antiques.

SON

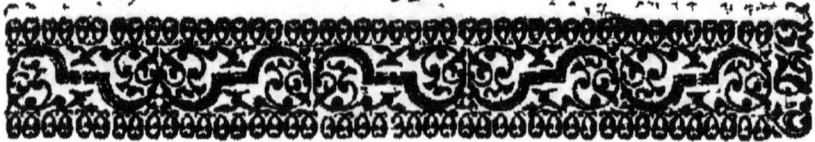

SONNET.

XLIII.

PReuuez, & fouftenez, fi vous le pouuez faire,
   Qu'aux demonftratiõs que ie fais de vos loix;
Ie foye menfonger fans faire tant d'abbois,
Que vous perdez en l'air, les faifãt fi haut braire.

Ne refpondre à propos, il vaudroit mieux fe taire,
   Cela vous le fçauez: Et quand bien ie ferois
Le plus mefchant qui foit, pourtant ie ne pourrois
Inualider le vray, fi luy eftois contraire.

Que ne refpondez vous à mes pofitions,
   Sans tant inuectiuer? ce font preuentions,
Que faites pour tromper la pauure populaffe.

Et remplir leur efprit, & fafciner leur yeux;
   Pour ne point receuoir quelque chofe de myeux,
Ce font là vos beaux ieux, & tours de paffe-paffe.

D 3

SONNET.

XLIIII.

D'Vn pauure frenetic le Medecin endure,
Vn homme genereux au foible ne se prend,
Vn Ministre menteur en beaucoup l'on surprend,
Vn sot bien affligé vous dira grosse iniure.

Ie ne veux ~~estriuer~~ (cela ie le vous iure)
D'iniures auec vous, i'ay autre pensement,
Qu'à regret ie poursuis : mais il est bien si grand,
Que bien que ne vueilliez, ie monstre voste ordure.

Desirant vous guerir, & vous voir gens de bien,
Dans l'Eglise de Dieu , & qu'il ne manquat rien
A vous qui vous trompez en vous estimans sages.

Car l'on ne vit iamais proceders si malins,
Que les faites paroir, quand bien les Baalins,
Les vous auroient soufflé pour faire vos orages.

SON-

SONNET,

XLV.

MEſſieurs les ſucceſſeurs de tous les heretiqués,
(Chaſcun le dit ainſi) & ie le preuueray
Par eſcripuains ſacrez, ie ne m'y manqueray,
Comment couurirez vous ces hontes ſi publiques?

Que pourrés vous tirer de bon de vos boutiques?
O que me benirés, quand ie deſmonſtreray
Les temps, les gens, les lieux, & que i'ateſteray
Tous les comencemens de vos Dogmes gottiques!

Et le beau de cela ie vous donne à choiſir,
De tous les fols errans leur croyance à loiſir,
Car par là vous verrez de quel pied i'y chemine.

Et ſerés eſbahis d'auoir eſté ſi lourds,
De ſuiure des autheurs plus brutaux que les ours,
Qui d'aucun ſens humain n'ot ny trace ne mine.

SONNET.

XLVI.

Deux voyes nous auõs, Ministres à gros gages,
   (Si ne les rabbatés) pour nous pouuoir sau-
En les cognoissant bien, vous pourrez reposer (uer,
Vos esprits fatiguez du soin de vos mesnages.

Les beaux chemins aisés sont de grands aduantages,
   A vous, & a vos gens, qui desirez aller,
   Au ciel, chaussez, vestus, & sans tant trauailler
Aux œuures du Chrestien, qu'appellez badinages.

Vous prescherez donc tost, auec vn beau discours,
   La voye innocente, auoir moindres destours:
   Mais pour la bien tenir n'en sçauez la maniere.

L'autre à plus de trauail, penitence elle à nom,
   Vn chemin rabboteux : mais d'vn tres-bon renom
Lequel vous remettra en la voye premiere.

SON-

SONNET.

XLVII.

VOus auez diffiny en Ministres habiles,
  Les marques de l'Eglise, orl'vne est de prescher
Purement, loyaument: l'autre, d'administrer
Les tref-saints Sacrements selon les Euangiles.

Dans Paris & Lyon, & plusieurs autres villes
  L'on ny voit (selon vous) prescher ny ministrer
Parole & Sacrement pour par là nous monstrer,
  Que l'Eglise de Dieu soit en ces lieux fertiles.

Pourquoy dites vous donc, l'Eglise de Paris?
  Leglise de Lyon? Certes bien fort ie ris
Voyant vos embarratz ne sachans ce que dittes:

Car former vne Eglise en lieu qu'on ne peut voir,
  C'est resuer trop auant, ou peu d'esprit auoir;
  C'est faire les Zanins, & porteurs de marmittes.

D 5

SONNET.

XLVIII.

PAſteurs qui repaiſſez de vent, & de fumee
   Les brebis de vos parcs, qui ne ſçauent iuger,
   Ce qui leur conuiendroit receuoir & manger,
   Ayez meilleurs gibbiers pour leur ame affamee.

Ie me trompe par trop, puis qu'elle eſt ſtropiee
   Inutile à tout bien, on ne peut leur donner
   Aucun ferme repas pour les bien ſuſtenter,
   Ne treuuant rien chez vous qu'vne viande gaſtee.

Car vous leur enſeignez que les œuures de tous,
   Sõt côme vn drap ſouillé des fẽmes de chés vous,
   Ainſi vous ne ſçauriez nul bien iamais leur faire.

O donques abuſez, laiſſez tels faux paſteurs,
   Qui en cent mille parts ſe monſtrent des mẽteurs
   Qu'auez vous rapporté iuſqu'icy de les croire?

SON.

SONNET.

XLIX.

NE vous eft· il ayſé,ô Peuples volontaires,
    De meurement penſer d'ou viennent vos
        Docteurs?
    Et qui les à donnés pour eſtre vos paſteurs?
    N'ayans iamais monſtré lettres de Commiſſaires?

Aués vous plus beſoin es choſes neceſſaires,
    Pour l'ordre de vos biens des graces & faueurs,
    Que vous voulés du Roy, que de l'heur de tous
        heurs?
    Penſés bien à cela, ce ſont de bons affaires.

Vous ne voudriés laiſſer diffinir vos proces,
    Par gens non deputez,& qui n'auroient l'acces
    Et leur authorité du Roy noſtre bon Prince.

(Treſ-ſages en cela)& vous voulés à tort
    Negliger qu'ant s'agiſt, du ſalut, ou de mort!
    C'eſt n'auoirpoint d'eſprit,ou l'auoir lourd ou mince

SON-

SONNET.

L.

Vous peuples desbauchez, il vous seroit duisible
De mieux considerer les voyes & sentiers,
Que vous debuez tenir, pour vous treuuer entiers,
Vrays loyaux seruiteurs du grād Dieu indicible.

Ll n'a voulu oster toute chose nuisible,
Aux hommes pour vn tēps, voulāt qu'en vieux
routiers
Ils combatent le mal, que par trop volontiers,
Leur ennemy poursuit d'vne ruse terrible.

Vous estes paresseux, hayneux, & enuieux,
A tout ce que l'on peut mettre deuant vos yeux;
S'il ne plaist a vos sens corrompus des ieunesse.

Par vne liberté acquise auec le fer
Prenez garde a cela, c'est le chemin d'Enfer,
Soyez sages en fin; aumoins sur la vieillesse.

SON-

SONNET.

LI.

Nous ne voyons aucun suiuant voſtre doctrine,
Conuertir nul Payen, Iuif, ny Mahometein,
Tout voſtre eſtude n'eſt, qu'a perdre le Chreſtien,
Vous marquãs en cela plains de trouble & ruine.

Le fer, le feu, le ſang, tyſons dans la poictrine,
De tout homme arrogant, mutin, fier, & hautain,
Le pouſſe à ne vouloir que tout acte vilain,
Le ſeul humble Chreſtien fait tout à droite ligne.

Que n'auez vous laiſſé ceux qui ont reſpondant,
De leur Foy : tous Paſteurs, Prelats, & d'abondãt,
Tous Martyrs, Cõfeſſeurs, ſucceſſeurs des Apoſtres?

Pourquoy ne cherchez vous ces pauures eſgarez
Du trouppeau de Ieſus, & leſquels vous laiſſez
Perir ſans les aider? c'eſt qu'eſtes Pſeud-apoſtres?

SON-

SONNET.

LII.

Vous no⁹ môstrez en tout, que doctrine nouuelle
   Vous allez enseignãt, sãs droit, & sãs raison
Contraire à celle là qu'en l'Eglise & maison
De noftre Redempteur s'y presche & s'y reuele:

Nous auons noz Pasteurs d'vne maniere belle,
   Instruis en leur pouuoir, & qui ont à foison,
De tout ce qu'appartient pour purger le poison
De l'infidelité, où bien d'vn qui chancelle.

Vous n'auez aucun droict, que vous puissiez môstrer,
   D'aucun seul appreuué, ny qui puisse dorer
Voftre vsurpation des chaires de l'Eglise.

Pourquoy donc obligez, nous voudriez vous tenir,
   Suiure voz volontez sur peine de perir?
   Il n'appartient qu'au fol faire telle entreprise.

SON-

SONNET.

LIII.

Peut estre vous voudriez qu'vn Curé Catholique
L'Euesque, & le Pasteur, en fin tout le Clergé,
De mesme vous fit voir par vn bel abregé
Auoir vocation d'vn homme Apostolique.

Cela nous concedons, c'est vn point iuriqué,
Nous serions de grands veaux, si seulement songé
Auions de receuoir vn qui auroit forgé,
Enuoy, ou mission, sans sa preuue authentique.

Commençons donc par là rompre nos differents,
Le tout au nõ de Dieu, & dans tref-peu de temps,
Nous verrons, ie le croy, cesser nos maux sinistres.

Car il importe trop, sçauoir, ou non sçauoir,
De quels hommes l'on doit entendre le vouloir,
De Dieu qui veut donner la foy par ses Ministres.

SON-

SONNET.

LIIII.

SI voulez le pourquoy l'Eglise est ditte saincte,
La raison la voicy. Ce qui la peut former
Où la constituer, Sainct le devons nommer,
Ces choses là sont trois, d'où ie donne vne atteinte.

Si i'y suis par trop bref, pour ce n'en faites plainte,
Le Baptesme est premier, qu'il faut pour se sauuer,
La profession de Foy, qu'il faut suiure & aimer,
Et l'vnion au chef, qu'on doit tenir sans fainte.

Tout cela par raison fait donner ce beau nom,
A l'espouse de Dieu, tous ceux qui ont renom,
N'estre de ses enfans de ce ie les aduise.

Qu'au ciel iamais n'auront, tãt ils sont malheureux,
Pour Pere, le Sauueur Iesus Christ glorieux,
Puis que ça bas n'ont eu pour mere son Eglise.

SON-

SONNET,

LV.

Ntre autres nous auons vne marque tres-belle,
Que nous suiuōs le train, & grād chemin Royal:
C'est que nos ennemis tesmoignent que loyal,
Peut demeurer celuy qui n'est dans leur nacelle.

Vous ne parlons ainsi: car l'homme qui chancelle
En l'orthodoxe Foy le tenons desloyal;
Car il faut estre à Dieu purement Cordial,
Bon dedans son Eglise, & non pas hors d'icelle.

Vous sçauons que Caluin, & son maistre Luther,
Disent bien d'aucuns Saincts, qu'ils sont con-
    trains nommer,
Pieux, & Saints aussi, bien qu'ils fussent Papistes.

Et voyans les cantans des Suisses Huguenots,
Accorder par contract à ceux qui sont Papaux,
Qu'ils ont la vraye Foy des Saincts Euangelistes.

Cal.
inst. c.
10.v.17
Luther
contre
les Ana.
batitt.

au r.
art. de
leur cõ
cord.

E

SONNET.

LVI.

I'Ay peur que remarquant si auant vos cryoances
　　Que ne sois estimé de peu de iugement;
　　Car il n'est si lourdaut, qui respectiuement,
　　N'y voye comme moy de grandes deffaillances.

Tout cela est bien vray, mais ces recognoissances
　　Mises dans vn escript bien plus facilement
　　Ouuriront les propos, pour tres-gaillardement
　　Faire rire vn chascun de vos insuffisances.

Car vous vouloir mesler sans y estre appellez,
　　Au conseil du grand Dieu, qui nõ tous les zelez
　　Ains ceux qu'il a choisi commet sur ses affaires

C'est assez mes amis, pour vous faire mocquer
　　De tout homme d'esprit. Et ne failloit doubter,
　　Que ne fussiez hüez en tres-faux Commissaires.

SON

SONNET.

LVII.

VOs reformations me semblent bien estranges,
 Et l'vne dessus tout, que pour vostre entre-
Vous fassiez requester le basto dans la main (tien,
L'impost que vous prenez pour prescher dans vos
granges.

C'est acte doibt marquer qu'estes de mauuais Anges,
 Puis que faictes taxer vn prix pour vostre gain,
 Lequel il faut payer sur peine que soudain,
 Vous quittez le mestier auec peu de louanges.

Les dons qui a l'Autel se doiuent presenter
 Offers de gré à gré vous deburoient contenter,
 Et non comme en vsez tailler la populace.

Mais ie me trompe trop,vous n'auez point d'Autel,
 N'y de Temple non plus,bien que vous nõmiez tel
 Le lieu ou vous preschez;mais c'est hors d'efficace.

SONNET.

LVIII.

L A decime appartient aux Pasteurs de l'Eglise,
   Et ne sçauriez preuuer qu'aucun de nos Pre-
  A soy l'ait vsurpé comme les Apostats,   (lats,
  Contre aucun possesseur pour le mettre en chemise.

Pourquoy donc meschamment sans aucune franchise,
   Qui doibt appartenir au Chrestien en tel cas,
  Les auiez vous saisy auèc des attentats
  Si cruels & sanglans, & qui n'estoient de mise?

Si nos Pasteurs descheus ne debuoient les auoir,
   Il vous failloit monstrer pour faire vray deuoir,
  Que vous y auiez droict de quelque legitime.

Venir en iugement: n'aguiser vos cousteaux,
   En Sergeans rigoureux, come vos noms nouueaux
  Nous monstrent en effect souffrir telle maxime.

SON-

SONNET.

LIX.

Voyez ces beaux esprits, reformeurs d'Euangiles
    De l'Eglise de Dieu: des polices & loix:
  Des diuins Sacrements, des Royaumes & Roys:
  Que demandez vous plus à des gens inutiles?

Ils croyent lourdement estre les plus habiles,
    Que l'on sçauroit treuuer es campagnes & bois,
  Montaignes, & par tout, mais (si bien m'y cognois)
  L'on ne vid iamais gens si fort reprehensibles.

Iugez donc maintenant, lesquels les plus trompez
    Seront, ou eux ou moy, & sur ceux là drappez,
  Qui dans l'interieur n'auroit chose qui vaille.

Eux mesmes vous diront, qu'ils ne vallent tous rien,
    Sans cesse transgresseurs, ce que ie croy fort bien,
  Les voila condamnez, & vrays hommes de paille:

SONNET.

LX.

AMis predeſtinez, ie treuue treſ-eſtrange,
    Que vous qualifians inutiles au bien,
Et ſans ceſſe, & ſans fin tranſgreſſeurs du lien,
  Qui nous oblige à Dieu, qu'eſperiez tant que
      l'Ange.

Si vous faiſiez aumoins quelque petit meſlange,
   Au cours de voſtre eſtat, tantoſt bien tantoſt rien,
  L'on ne s'eſtonneroit de voir tel entretien,
  Cōme certes l'on faiсt, n'y voyant point de change.

Ainſi le faux Sathan au mal eſt confirmé,
  Et en tout ce qu'il faiсt par tout eſt diffamé,
  Donc eſtes compagnons de ſa grand perfidie.

Le ſurpaſſant encor, car ſi vous le vouliez
  Auec l'aide de Dieu, laquelle deſcriez,
  Vous vous pourriez garder de telle villainie.

SON·

SONNET.

LXI.

L'Ocean furieux plain de bancs, & de faßes, & os
Par art ce peut renger, & beaucoup y voguer,
Et les malins esprits se peuuent coniurer:
Mais l'Heretique est pis que la mer & les Diables.

Qui conuerse auec eux sçait cōme ils sont traittables,
Si l'on leur fait despit, ils voudront enrager,
Ou courront tous les Temps afin de se vanger,
Que s'ils ont le moyen les vendront lamentables.

Pour le dire en vn mot, ils sont gens sans vertu
Qui tous homme de bien ne prisent vn festu;
Car iusques à leurs Roys ils n'en ont faiét estime.

Iamais ne sont contents, & se plaignent tousiours
Nos Pasteurs & Curez accusent tous les iours,
Et non pas toutesfois d'auoir robbé leur disme.

E 4

SONNET.

LXII.

Thony portoit vn iour ſa follaſtre marotte,
   Qu'on iugeoit ne tenir que pour la careſſer:
  Mais le picquant quelqu'vn, d'icelle vint frapper
  Tel qui ne penſoit pas receuoir telle botte.

Nous voyons la douceur ſi ſemble en la pelotte,
   Que trennët en leurs mains les enfans de Luther,
  Miniſtres deffrocquez, lors qu'ils veulët preſcher:
  Mais ſi vous les faſchez ils changeront la notte.

Leur douceur tournera en fureur & en cris,
   Ils n'endurent iamais que l'on rompe leurs ris,
  Patience n'a lieu en l'ame de ces heres.

Compagnons de Thony, & non du vray Chreſtien
   Qui endure touſiours, ne voulant faire rien,
  Qui porte deſplaiſir à pas vn de ſes freres.

SON-

SONNET.

LXIII.

IE vous ay picqué d'escriant l'heresie,
 Messieurs mes amoureux, que veut dire cela?
 Ie le laisse penser, ie veux faire l'hola
 A nostre different, & viure sans enuie.

Ie me veux chastier & faire nostre saillie,
 Parler de nos amours : apres de ce point là,
 Sauter aux incidens d'vn certain qui balla:
 Mais il estoit masqué de vostre compagnie.

Nous parlerons apres du saut de l'Alement,
 Ce seroit employer le temps gentilement,
 Mais tout cela ne vaut d'en parler ou l'escrire.

Donnés nous donc congé, que nous portions la main
 Ou nous sommes blessés (cela ce fait soudain,
 Le mal nous oste à tous l'occasion de rire.

E 5

SONNET.

LXIIII.

Neophites au mal monstrés que voſtre Cene,
  Voſtre Bapteſme auſſi, ſe fit auant Caluin:
En la forme & façon que c'eſt eſprit malin
Ce reformeur brutal vous ſouffle & vous halaine.

Iamais ne monſtrerés (la choſe eſt tref-certaine,)
  Que les Sacrements ſaincts commandés du diuin
Ayent eſté donnez comme ce ſot badin
Veut que les recepuieʒ pour auoir l'ame ſaine.

Ou auieʒ vous les yeux, dittes gens ſi zelés,
  Qui groſſiers & lourdauts vos peres appellés,
Ne veyant voſtre erreur ſi viſible & palpable?

En fait tant important que n'aués vous eſté
Et plus iudicieux, & plains de pieté?
Ce fut pour faire voir voſtre eſprit miſerable.

SON-

SONNET.

LXV.

VOus, qui reformez tout, sãs aucunes enqueſtes,
  Si c'eſt à droit ou tort, (cela vous eſt tout vn,
Reſpondés ſi pouués ſans me dire importun,
Si ie veux m'enquerir de vos faits & vos geſtes.

Nous deſirons ſçauoir (n'eſtans comme les beſtes)
  Qui n'ont autre deſſain que de leur ſens cõmun,
La cauſe & le pourquoy vous faittes à chaſcun
(En tant que vous pouués) croire vos ſeulles teſtes.

Et auez aboly tant de Preſtres anciens,
  Qui le corps du Seigneur dõnoiẽt à tous chreſtiẽs,
Faiſant ſon Sacrement(cela ne ce doibt taire)
Pour vous mettre en leurs teſtes voyez le Changement,
  Que vous y auez fait! car il faut maintenant,
  Qu'aumoins vous ſoyez deux pour ce Sacrement
    faire.

SON-

SONNET.

LXVI.

Amis, ie veux preuuer qu'auòns vn sacrifice
   Visible à nostre sens dans l'Eglise de Dieu,
  Lequel luy est offert en toute part & lieu,
  Comme il estoit predit d'vn tres-grand artifice.

Iesus luy mesme à dit, de son corps & calice,
  Qu'iceux estoient offerts (estant au beau milieu
  De ses Apostres saints) à son pere à son Dieu,
  Pour eux, & pour plusieurs, en rachet de tout vice.

Il faut donques iuger qu'outre le Sacrement
  Le sacrifice y est, que tres-iournellement
  Nous debuons presenter pour purger nos offences.

Ce sacrifice est fait le corps de Iesus Christ,
  C'est ce qui plaist le plus à Dieu tres-saint Esprit,
  Et qui fait bien valoir nos foibles penitences:

SONNET.

XLVII.

MEßieurs qui vous tenés de l'Eglise inuiſible,
Ie ſuis bien empeſché de vous aller chercher:
Si faut-il dire vn mot pour vous deſempeſcher
De ces cachettes là, & vous rendre viſible.

Dittes moy, s'il vous plaiſt, comme m'eſt-il poſſible
De m'aller ioindre à vous, & me faire enroller,
Comme i'y ſuis tenu, ſi ie veux me ſauuer,
Ne vous pouuãt treuuer, quoy qu'en die la Bible?

La Foy que vous auez de ce point ie le croy,
Vous l'auez bien changé: car maintenant ie voy,
Que pour contrarier vous nous faites la guerre.

Ainſi ſouuent changés, & de dits, & deſcripts,
De Foy, & d'opinion, pardonnés ſi le dis:
Car ie ſuis l'vn de ceux que l'on voit ſur la terre.

SON-

SONNET.

LXVIII.

MEs amis, successeurs de l'Eglise cachée,
   Il vous fera beau voir nous dire la raison,
Que nous vous demandons si en ceste maison
Vous professiez la Foy, où estoit negligée:

Si vous la professiez d'où vous vient la pensée
   Dire qu'on ne voyoit dessus c'est orison
   L'assemblée qui doit souuent faire oraison,
   Chanter Psalmes François, faits a là Marotée.

Si rien l'on ny chantoit, ou si rien ny auoit,
   Qui resentit son bien, par cela clair l'on voit
   Le peu d'estat qu'il faut faire de telle Eglise.

Ie vous dis tout cecy, & pour vous enseigner,
   Que l'on vous a trompez, & pour vous asseurer,
   Que rien de plus honteux ne se voit sous la bise.

SONNET.

LXIX.

POur auoir vràye foy, faut qu'elle soit diuine,
 Et que le Sainct Esprit l'inspire dans nos cœurs:
 Mais auec tout cela en celle des maieurs.
 Il faut estre enseigné par l'espouse tres-digne.

Ces deux sont sans erreur, le reste n'est que mine:
 Car le meschant dira, qu'il ressent les faueurs
 Du dit tres-sainct Esprit, bien qu'il soit plein
  d'erreurs
 Tesmoin les difformés vestus de peau maligne.

Il vous asseureront que Christ leur a donné
 De croire comme ils font, mais pauure abandonné,
 Qui pourtant ne suiura que sa follastre teste.

Voila le fondement sur lequel se bastit
 Ceste tour de Babel, qui mine, aneantit,
 En tout ce qu'elle peut la croyance celeste.

SON=

SONNET.

LXX.

LA touche la voicy, & auffi la balance,
Pour toucher, & pefer nos dits & nos efcrits,
Les lifeurs iugeront auec vn doux foufris,
Lefquels de vous ou moy, ont plus de fuffifance.

Nos cris ne changeront la forme ny fubftance,
Des chofes que traittons, ny qui font au pourpris:
Du grand Ciel eftoillé, pluftoft deuiendrons gris,
Que de faire changer leur tant belle ordonnance.

Pourquoy donc, mes mignons, voulés vous eftablir
Vos raifons fans raifon, & la mienne abolir?
Ie confeffe qu'aués quelque chofe lëuable.

Bons Poëtes, Orateurs, du cofté peu ou rien,
Puis que n'aués l'efprit d'vn bô & faint Chreftiê,
Qui fe doit faire voir à chafcun veritable.

SON-

SONNET.

LXXI.

IE tire de ces cœurs cruels plains de vengeance,
La marque & le pourtrait d'vn lasche & faux
Chrestien,
Le masque en est leué, il n'est Mahometein,
Qui les puisse passer en rage ou violence.

Des aussi tost qu'on dit à ceste belle engeance,
Vn mot qui ne leur plaist, alors Dieu sçait cöbien
Leurs insultes sont grands: car les verrez soudain
Mal qualifier ceux, qui ne sont de leur dance.

Ils n'ont garde d'auoir ce precepte en leur cœur,
Que Dieu recommandoit de n'auoir la rancueur
Encontre le prochain, ains estre debonnaires.

Car il nous ont planté leur irreligion
Auec le fer, le feu, & à coups de canon,
Mocqueurs, iniurieux, & sur tout sanguinaires.

F.

SONNET.

LXXII.

AVtre marque de ceux lesquels sont heretiques,
    Et qui sont ennemis du sainct siege Rōmain,
Ie la vous veux mōstrer, vous cognoistrez soudain,
Qu'elle conuiēt fort biē aux pauures Caluiniques.

Tous les bōs vieux Chrestiēs, & vrays Apostoliques,
    Ont tousiours recognu, quelque chef souuerain
    Soubs Dieu le Createur qui de sa forte main
    Le donne pour guider les saincts Euangeliques.

Il failloit à celuy qui porteroit ce faix,
    Vn nom qui luy conuint, & qui sentit la paix,
    Pour cela fut nommé, Pape, ou pere des peres.

Tousiours des gens de bien, honoré, fort aymé,
    Et de tout heretique hay & diffamé;
    C'est ceste marque là qui monstre les faux freres.

SON-

SONNET.

LXXIII.

ORſus, changeõs propos, ie ſuis vn grãd Papiſte,
    Pour cela Ieſus Chriſt n'eſt il au Sacremẽt?
Il le dit, vous ñiez, lequel de vous deux ment?
Dittes le s'il vous plaiſt en braue Caluiniſte.

Vous n'auez franc arbitre, ainſi vne grand liſte
    Ferois de vos erreurs pour vous monſtrer cõment
    Eſtant ce que ie ſuis ie ne change pourtant
    La verité de Dieu ſuiuant des vieux la piſte.

Ne drappez plus nos noms, nos vies, & pechez,
    A nos fragilitez point ne vous attachez,
    Ainſi que vous mõſtrez le vouloir touſiours faire.

Vous ne direz de moy tout ce que i'ay oſé,
    Reſpondez ſeulement à ce qu'ay propoſé:
    Mais vous n'auez dequoy, c'eſt ce qui vous faict
    taire.

SONNET.

LXXIIII.

Vous peuples qui lisez les escrits de ces mõstres,
  Ministres infernaux, pour la hayne & ran-
    cueur
  Qu'ils ont à ce Pasteur, que Iesus le Sauueur
  A mis dans sa maison pour nos tresbons rencõtres.

N'adioustez plus de Foy à tous ces malencontres,
  Qui vont contredisant la bouche du Seigneur,
  Bien qu'ils fassent semblãt deffendre son hõneur,
  Comme des vrais Cõmis sur les roolles & mõtres.

Car nous voulant chasser le loyal seruiteur,
  Que Dieu dans son Eglise a faict son Procureur,
  Pour s'y mettre en son lieu, & s'y faire les maistres.

C'est estre trop meschãts tantant le Dieu tres-haut,
  Deschirans son arrest, faisant faire le sault
  Aux mutinez Chrestiẽs, & les rẽdãs des traistres.

SON-

SONNET.

LXXV.

Vous me croirez messieurs, vn fol à toute reste,
Venez, definissons qu'est ce que d'estre fol;
Vous faittes tous semblant de bien croire S. Paul.
Rapportons nous à luy, ie ne veux autre teste.

Mais s'il ne dit pour vous, & s'il ne me tempeste
Reprenez vostre esteuf, ie le treuue trop mol.
Auec vous fins ioueurs ie procede sans dol,
Les Loix nous ont reglé ne faisons donc la beste.

Voicy que sainct Paul dit, que Iesus a esleu
Choses folles du monde, afin (l'auez vous leu?)
De confondre (croyez) les sages en eux mesmes.

Bien-heureux si tel fol ie suis aux yeux de Dieu,
Vous laissant la sagesse, & prudence en ce lieu:
Car parlãt de la croix, en Iuif vous venez blesmes.

F 3

SONNET.

LXXVI.

LA Croix de Iesus Christ au Gentil c'est folie,
Est vn scādale au Iuif, au Chrestiē vn hōneur
Vn Huguenot la rompt, & en a grand horreur,
Or iugez qui de tous aura plus de manie?

Par la susdicte Croix, la bonté infinie
Iesus le fils de Dieu, & nostre Redempteur
A voulu nous guerir, estre nostre Sauueur,
Et luy a fait l'honneur d'vne amour accomplie.

Nous qui sçauons cela, nous faisons iugement,
Que la deuons aymer, l'auoir pour ornement,
En fin pour vn secours en toutes nos miseres,

Et monstrons qu'en la Croix nous nous glorifions,
Et en ce souuenir sainctement esperons,
Que Dieu qui tant l'ayma benira nos affaires.

SON-

SONNET,

LXXVII.

LE premier des pechez, c'est desobeissance,
La mere de tous maux, qui despuis sont venus
Ne se laisse empoigner que d'hommes trescognus,
Et sont maistres iurez en telle des-science.

Qui rompent toutes loix, sans point de conscience,
Aussi facilement sans se sentir esmeus,
D'aucun allechement que d'estre resolus
A ne prendre le ioug d'aucune obeissance.

C'est le chemin contraire à celuy du Chrestien,
Qui ne veut qu'obeir, & tout humble maintien
Auoir en tous ses faits, & croyant que l'Eglise,

Qui à pouuoir sur luy, ne luy peut commander
Chose mal à propos, ou qu'il faille amender
Laissant rebellion, ou l'heretique vise.

SONNET.

LXXVIII.

Qvi aura les vertus de sainte obedience,
    Et d'humble humilité, il ne sera iamais
Heretique villain, vice le plus mauuais,
    Que l'on pourroit nõmer par humaine puissance.

De ces rares vertus à mõnstré l'excellence
    Iesus le Fils de Dieu, venant porter le faix
De la redemption, & nous donner la paix,
    En elles excella tousiours dés son enfance.

L'heretique au rebours est tout remply d'orgueil,
    Et ne veut obeir, cela te voit à l'œil,
    S'estimant seul auoir la clef de la science.

Ces marques sont assez pour tost le descouurir,
    Quant d'autres l'õ n'auroit, & sans tant enquerir
Vous le recognoistrez à son impatience.

7   SON-

SONNET.

LXXIX.

Voyez ces zelateurs de nos saints Euangiles,
  Et quel estat ils font des mots y contenus.
Ce ne leur est que ieu d'estre pris & tenus
  Pour falcificateurs d'aucuns mots difficiles.

Ils sont bien si osez, & au mal tant habiles,
  Que l'vn d'iceux escrit que pour des mots menus
Tel qu'vn monosyllabe ils ne seroient tenus
  De s'y assuiectir s'ils ne leur sont vtiles.

Qui pourra subsister entier doresnauant
  Deuant gens si hardis à tout commencement,
Soit de foy, soit de loy, & sens des escriptures?

Leur tres malin desir ia tout executé
  Presques en tout cela qu'ils ont mal souhaitté
Tant ils sont assistez du demon des ordures.

Heres. en la prefac. contre le R.P. Coton.

F 5

SONNET.

LXXX.

Ecognoiſſés Meſſieurs, ſi ce n'eſt d'vn œil louche,
Qu'vn des voſtres à veu vn mot dedãs S.Pol,
Et iuges quant & quant, s'ils ny auoit du fol
De dire qu'vn (pourtant) n'eſtoit qu'vn pied de
mouche.

Ce bon homme penſoit parler à quelque ſouche,
Et ne ſe fit iamais vn plus oblique vol
Par la mouche en Eſté , ny iamais plus grand dol,
Que la comparaiſon de ceſte folle bouche.

A l'ongle l'on cognoit ce dit-on le Lyon,
Aupres d'vn grand Geant paroit peu le pyon,
Ainſi vous iugerez à la folle hardieſſe,

Que les Miniſtres ont de changer ou troncquer
Vn mot qui ne leur plaiſt, ou bien le renuerſer
Comme ils ſont eſloignés de la vraye ſageſſe.

SON-

SONNET.

LXXXI.

Velqu'vn de vous à dit, d'vne parole hautaine
(Ie croy c'est Pineton) que Moyse le grand,
Plein de cerimonie(oyez s'il est prudent)
Estoit tout introduit dans l'Eglise Romaine.

En la
pref.
contre
le R.P.
Hayus.

Exceptant toutesfois par grace tref-humaine
La Circoncision:or voyons maintenant
S'ils nous a dit le vray:& tout premierement
Si nous faisons rostir vn Agneau porte-laine.

Comme faisoient les Iuifs à Pasques tous les ans,
Ie croy,direz que non,vous estes de mes gens
Condamnant vn menteur des chaires reformees.

Les cornes de Moyse aussi nous n'auons pas,
Que luy voyent les Iuifs,quant descendit à bas
Du mont de Synaï; vous les auez cachées.

SON-

SONNET.

LXXXII.

Apprenez pieté (monstres hors de nature)
Qui voulez auoir nom de Pasteurs reformés,
Tous ceux que iusqu'icy vous auez façonnés
Resentent l'heretique, où leur homme pariure.

L'essay nous fait sçauoir si de bonne tainčture
Sont taints ces Chrestiens là, qui sont si animez
Cōtre aucuns leurs prochains,que mourir abismés
Ils feroient s'ils pouuoient pour vne courte iniure.

Ce n'est ainsi qu'il faut à tout homme de bien
Faire pour se sauuer ,car c'est au Schytien
Que le meurtre appartiēt de tous cruels la cresme.

Si ne fussiez venus pour tous les surpasser
Croyans ainsi comme eux,qu'on vous peut offencer
Ce qu'ō ne peut iamaisfaut que ce soitvous mesme

SON-

SONNET.

LXXXIII.

PEu souuent il aduient, quoy que l'on sçache faire,
De donner de droit fil, a ce qu'on a visé:
Des desirs qu'eslançons. Il est bien mal-aisé,
Que tous soient coronez de Dieu souuerain Pere.

Ie sçay que perdray temps, ou ne gaigneray gueire
D'instruire vn libertin, d'vnir vn diuisé,
Qui ne se veut aider, ains est scandalizé
De tout ce qu'on luy dit si l'on ne luy veut plaire.

Ie ne lairray pourtant d'y faire mon deuoir,
Non tant cōme il se doit, mais bién a mon pouuoir
Ie dis donc envn mot, qu'en biē disant des Papes,

L'Eglise & Leuangil, tous Chrestiens, & le Roy,
Me iugeront Chrestien: au contraire de moy
Vous serez estimez des Mammelus Asapes.

SON-

SONNET.

LXXXIIII.

Eux points il faut garder tout le tẽps de la vie,
Le premir que ceux là qui sont les ennemis
De l'Eglise de Dieu ne soient point nos amis:
Car fausse est leur amour, ou tost seroit finie.

L'autre il faut que la foy des anciens soit suiuie
Sans aucun changement: sans y estre remis
Iusqu'à nostre tombeau, à ce nous à sousmis
Le tref-sainct droit diuin lequel nous y conuie.

Ministres voyez donc, comme nos differents
Sont aisez a finir, ne soyez mal contans
D'acepter vn party que fondons en iustice.

Et rien de mal aysé nous ne vous demandons,
Accordez nous cela nous vous en supplions
Si vous nous refusez vous suiuez l'iniustice.

SON-

9o

SONNET.

LXXXV.

Emandant vn accord aux miniſtres de Fráce,
Que fais-ie, mal appris, ſinon que battre l'eau?
A qui m'adreſſe-ie pour porter tel fardeau,
Puis qu'il n'ont d'aucun chef aucune dependéce?

En vn petit eſtat, borné d'vne puiſſance
Politique en ſes loix il ne ſeroit nouueau
Treuuer à qui parler pour partir vn gaſteau
Ou quelque droit ciuil de petite importance.

Mais laiſſer diffinir la foy qui eſt de tous
A des gens incognus, fuſſent-ils de chez nous,
Qui n'ont authorité Diuine ny humaine.

Ie croy que ne pourrions obliger l'eſtranger
A ſuiure leur arrets, & moins les y ſanger
En tel cas il vaut mieux tenir la regle ancienne.

SONNET.

LXXXVI.

Vous qui nous rapportez toute voſtre croyance
En matiere de foy, à la confeſſion
Des Egliſes de France, auès vous caution,
Que n'eſtes point trompés en y mettant fiance?

Sur quel patron (amis) prenés vous aſſeurance,
Que ces Egliſes là faſſent leur fonction
Pour conduire & regler leur domination
Droittement, iuſtement, ſans nulle violance?

Iuſqu'icy vous n'auez iamais peu rencontrer
Egliſe qui ne peut deffaillir & errer,
Qui vous fait donc fier es Egliſes ſuſdites.

C'eſt voſtre entendement, qui, a la volonté
Se laiſſant emporter plaine de volupté
Ne ſachant reſiſter aux deſirs illicites.

SON-

SONNET.

LXXXVII.

Follie vous ietta, Ministres Caluinistes,
En la foy de Caluin, sans y auoir pensé,
Y estants enpestrez, & y auoir dansé
L'honte vous y retint fleau des hypocrites.

Vous n'auez iamais peu des poincts que x'appristes,
Donner quelque raison d'vn esprit bien sensé,
Qui la deuroit peser, ny nous auez laissé
Marque de sainēteté pour ensuiure vos pistes.

Par ce resolument vous la debuez quitter,
Et r'entrer dans le parc, car nous pouuons moster
De quelle authorité la Foy qu'auons aprise

Est venuë chez nous, tousiours de main en main,
Par des saincts, gens de biē, & monstrerōs soudain.
Que depuis Iesus Christ ils l'a nous ont transmise.

G

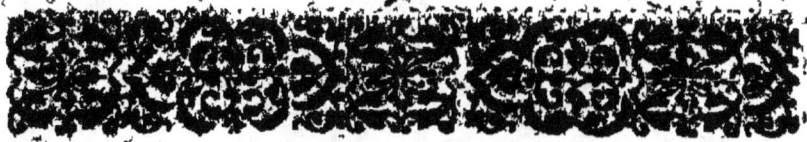

SONNET.

LXXXVIII

I'Estois l'vn de ces tours en profonde pensee,
  Comme à droit ie pourrois seruir & secou rir,
  Tant de pauures trompez que ie voyois perir:
  Car il n'est rien si doux qu'on aide bien ayssee.

Ie voyois le malheur à teste releuee,
  Saisissant le chemin par ou pourroit venir
  Secours à vous perdus,ne voulant vous seruir,
  Des remedes qu'il faut à vne ame blessee.

Ne desdaignez iamais s'agissant du salut,
  D'escouter celuy là,qui n'a que pour son but
  Le seul honneur de Dieu,aussi le salut vostre.

Le conseil autresfois d'vn Ethnique,& Payen,
  A deu estre suiuy,beaucoup mieux d'vn Chrestien
  Duquel dire pouuez,au bien il est tout nastre.

                                          SON-

SONNET.

LXXXIX.

Pourquoy mes bônes gens en faifant voftre, Cene
   N'y voulez vous point d'eau? ou treuuez
   vous efcrit,
Que le feul vin tout pur (qui par trop vous nourrit)
Se doiue prendre ainfi? Quel efprit vous demeine?

Vous n'auez fondement que fur l'extreme hayne,
   Que vous (gros Sieurs) portez conduits d'vn faux
   efprit,   (Chrift,
Aux Preftres & Pafteurs qui font foubs Iefus
   Pour les contrarier penfant leur donner peine.

Cela vo° femble doux, beaux maiftres de quinze ans,
   Donc i'y doibs obeir, pardonnez aux enfans:
   Car à nous tous vos dits fôt plus legers que plume.

Et plains de nouueauté, & ne vifmes iamais
   Tel ordre que tenez lequel treuuons mauuais:
   Car l'Eglife de Dieu n'a point telle couftume.

SONNET.

XC.

Vous estes malheureux, messieurs de la Reforme
(Pardonez s'il vous plaist à ma grãd libertê)
D'auoir trop reformé, & sans necessité
Tant d'actes qui auoient vne si belle forme.

Trois exemples ie veux, pour vous seruir de norme
Alleguèr & notter, pour voir la fermeté,
Que deuons esperer, & combien de bonté
Aurôt vos grãds trauaux, ou bič qu'elle difforme.

Nous voyons clairement quel Dieu vous plaist auoir,
Quant dõnez ses plaisirs au vêtre à son vouloir,
(Côtre l'ordre) sacré, tousiours chair pour son viure.

Les vœus du Celibat hors du droict ne voulez
Ny iours de feste aussi qui estoient ordonnez
Pour mieux seruir à Dieu, & de plus près le suiure.

SON-

SONNET.

XCI.

IL est assez aysé de treuuer à redire,
   A ceque quelqu'vn fait : Car nos gousts sont di-
    uers :
   Mais de demeurer court, & monstrer des reuers,
   Qui sont sans iugement, c'est ce qui nous fait rire.

Ainsi qu'ant (mes amys) vostre cœur ne respire
   Fors qu'accusations contre tout l'vniuers,
   Qui tient, & à tenu nostre Foy des le bers
   Vous mōstrés que nauez rien qui vaille pour dirē.

Car il faudroit preuuer vos reprehentions
   Estre toutes au vray, mais des inuentions
   Ie les demonstreray d'hommes tres-heretiques.

Lesquels n'ont autre but, que de calomnier,
   (Cōme vrays ennemis) ceux qu'ils sçauēt marcher
   En ceste anciennē Foy, qui fait les Catholiques.

G   3

SONNET.

XICII.

Vous estes gratieux: mais non pas charitables,
　Messieurs les deffroicquez, quãd vous auez
Vne notte en ce ton, que dans la Papauté (chanté
　L'on vous y deffendoit vos nopces detestables.

Car si vous eussiez dit en hommes raisonnables,
　Commë s'estoient passez vos faicts en verité,
Chascun auroit iugé de vostre impieté,
　Qui cause vos clameurs par trop desraisonnables.

Car vous auiez voüé à Dieu, sainct immortel,
　De garder chasteté, & seruir son autel,
C'est ce que iustement l'Eglise la maistresse

De nous tous vous enioint, commande de garder
　Ce qu'en auez iuré, & ne vous hazarder,
　De deuenir periurs rompans vostre promesse.

SON

103

SONNET.

XCII.

IE ne croiray iamais que vous soyez semblables
  N'y en authorité, ny en la mission,
  Aux Apostres de Dieu, car trop d'aduersion
  Vous faittes de leurs faits, biē qu'ils soient imita- (bles.

Leur ordinaire estoit tant estoient charitables,
  Du Temple ne bouger de grande affection,
  Qu'ils auoient de loüer, sans intermission,
  Le Sauueur nostre Dieu, secours des miserables.

Et vous tout au rebours y demeurez trespeu,
  Et le moins que pouuez, & ne faittes adueu
  De tous ceux là qui vont y faire leurs prieres.

Six ou sept fois le iour. N'ay-ie doncques raison
  De m'estonner de vous, qui plus dans la maison,
  Qu'au Teple vous plaisez, ou auec les chābrieres?

G 4

SONNET.

XCIIII.

CE grand reformateur (de l'Eglise tres sainte
   Espouse de Iesus) qui ne chante sinon
   Qu'vn applaudissement de son zelle & renon,
Ie vous en dis assez; vous rognoissez sa peinte.

Il dit en quelque part, ou son humeur est peincte,
   Qu'en la question de Foy , qui n'est à là bandon:
   Ains chascun dit l'auoir, & de quels est le nom
De Christ mieux reclamé conclud sãs nulle crainte.

Que sur ces deux points là , toute la Chrestienté
   Vit en doubte. O quel coup ! ô qu'elle authorité
   Du plus grand que iamais l'Eglise Reformée,

Ait veu des son berceau! Il tesmoigne de vous
   Pour tres-asseurement ce que nous croyons tous:
   Mais le disant de nous pardonra ma pensée.

*Pleſ. en
la Preſ.
de ſon
1. de
Leuc.*

SON

SONNET.

XCV.

SI vous estiez chastrez, ou vos femes brehaignes,
Ie suis en grand esmoy que pourriez deuenir:
Ministres vous sçauez, S. Paul nous aduertir
Qu'vn Euesque ait enfans: deuiendriez vous des
    seignes?

Desliurez moy bien tost de ces estranges peines,
  Ie croy que me diriez si Dieu ne veut venir
  Nos ventres si feconds ne l'auriez de tenir
  Vos charges pour cela, & ne les rendriez vaines.

La femme absolument pour vous faire pasteurs
  Donques n'est de besoin. Pourquoy donc grands
    docteurs,
  En voulez vous auoir tousiours en vos boutiques?

La raison la voicy: C'est qu'estans tous charnels,
  Ils n'ont aucun soucy d'estre spirituels:
  Puis ils vous iureront, n'estre clercs ny laicques.

SONNET.

XCVI.

Vous nommez trop souuent nos Prestres la pre-
straille,
Voyez comme vos noms quadrent pour biẽ rimer
A la terminaison qu'aymez tant à chanter:
Car l'on vous peut nommer fenarde ministraille:

Neut-il esté meilleur (& ie le dis sans raille)
Puis que n'auez preuué qu'ils deuoient meriter
Iniures en leur nom, qu'il failloit honnorer
De vous estre garder d'vn parler de canaille?

Cessez doresnauant tous iniurieux propos:
Pour l'vn, Dieu le defend, l'autre iusques aux os,
L'on vous pourroit picquer: donc il faut estre sage.

Ne se laisser porter à l'Ire, & à l'orgueil,
L'iniure vient de là, du sens, & non de l'œil,
Si raison ne conduit, l'on est pres du naufrage.

SON-

SONNET.

XCVII.

IE veux vous aduiser vous tous du Consistoire,
Non d'hommes Cardinaux: ains de grôs artisans,
Qui suiuez ces bons sieurs qui vont contrefaisans
Les Euesques, Pasteurs: & vrays Paons de gloire.

Donnez doresnauant ceste heureuse memoire,
A la posterité, qu'auez esté craignans
Dieu grand iuge de tous, cognu de ses croyans,
Qui vous demandera conte, exacte & notoire.

Lors ne sçaurez monstrer nulle bonne raison
Pourquoy vous auez pris, chargez dans sa maison
Ou n'estiez appellez ayans autre partage.

Vous mesler de iuger de points qui sont si hauts,
Arrester de la foy, des preceptes moraux
Conseils de l'Euangil, ce n'est pas estre sage.

SON-

SONNET.

XCVIII.

L'On doit seruir le Roy de volonté soudaine,
  L'on peut se recreer es armes & cheuaux,
L'on doit s'accoustumer aux peines & trauaux,
  L'on peut bien espuiser vne pauure fontaine.

L'on doit fuir peché, ou en attendre peine,
  L'on peut bië s'esloigner des putains & bordeaux
L'on doit bien renoncer à tous plaisirs brutaux,
  L'on peut bien se garder de semer sur l'areine:

L'on doit se souuenir du temps qui est passé,
  L'on peut aller le pas, si l'on n'est trop pressé,
  L'on doit auec raison esuiter sa ruine.

L'on peut bien se mocquer des Ministres François,
  L'on doit ce que l'on peut, & en tous les endroits,
  L'on peut, l'on doit seruir la maiesté Diuine.

SONNET.

XCIX.

Stre victorieux en tout champ de bataille,
 Du tort que l'õ nous fait, nous en pouuoir vãger,
 Les cepts & la prison en liberté changer,
 Se treuuer enrichy tant que rien ne vous faille.

Faire d'vn rien ne vaut quelque chose qui vaille,
 Se treuuer eschappé d'vn tref-cruel danger,
 Estre tref-affamé, treuuer bien à manger
 Dé riche roturier deuenir franc de taille.

Rendre de tous effaits la cause & la raison,
 Apres vn tref-grand mal recepuoir guarison,
 Recepuoir de son Roy ses faueurs tref-royales.

Ce treuuer desliuré d'vn amour violent,
 Ces plaisirs sont bien grãds mas vn plus excellẽt,
 C'est n'estre coëffé des erreurs ministrales.

SON-

Son 79 lig 9 entier
Son 86 lig 17 laissat
Son 88 lig 14 Duquel

II

MADRIGAL AVX
PRETENDVS
REFORMEZ.

CE Papiste poussé d'vn vent de saincte enuie,
(Trouppe, nouuellement esclose en l'vniuers)
Regrettant ton malheur, te fait voir en ses vers,
Le chemin qui conduit de la mort à la vie.

A chercher ton salut son ame te conuie
Te monstrant clairement tes arguments peruers,
Et te fait voir encor' par mille poincts diuers
De quel nombre d'Eerreurs ta croyance est suiuie.

Pour fruict de ses labeurs, Il ne desire auoir,
Qu'en lisant ses Escrits, l'heur de te faire voir,
De combien soucieux Il se rend de ton Ame,

Et le zele, & l'Amour, qu'il te monstre porter,
Monstrent qu'il ne voudroit te voir precipiter,
Aux torments rigoureux d'vne Eternelle flame,
Donc de voir ces Sonnets tu te dois inciter,
Puisque pour te guerir Il s'y prend le Dictame:

Syon repromise.

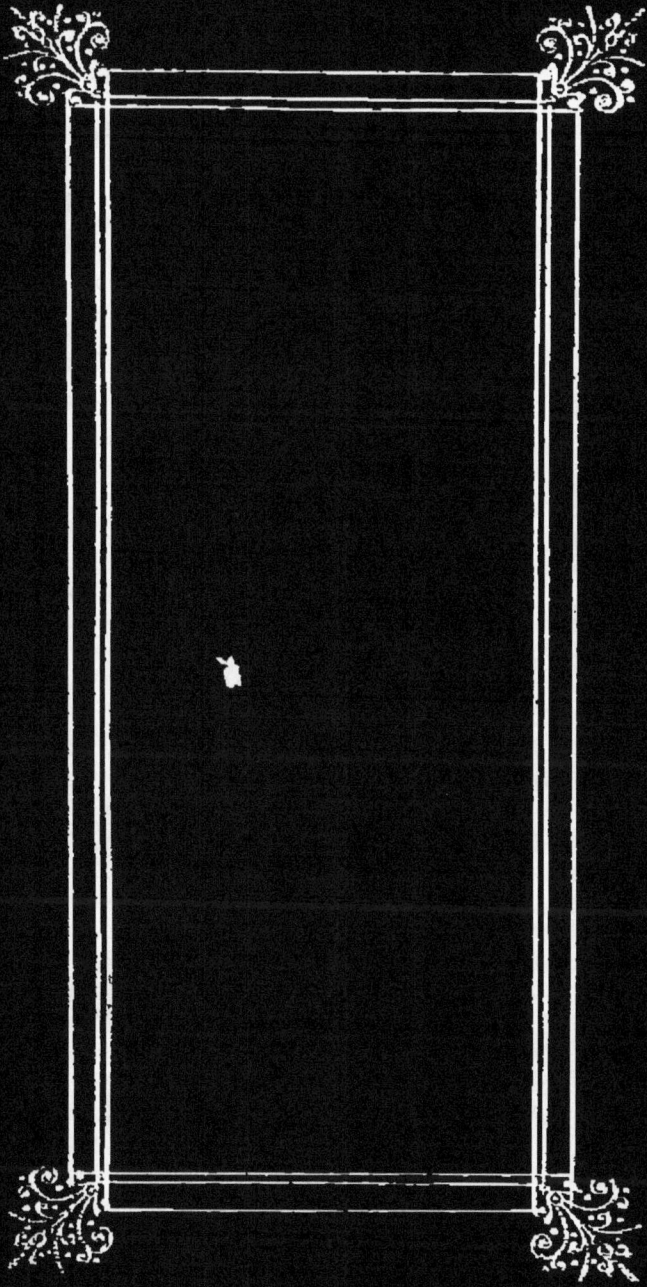

www.ingramcontent.com/pod-product-compliance
Lightning Source LLC
Chambersburg PA
CBHW052047270326
41931CB00012B/2671